Kurt Scharf

Zugabe

Bibliografische Information der Deutschen Nationalbibliothek:
Die Deutsche Nationalbibliothek verzeichnet diese Publikation in der Deutschen Nationalbibliografie; detaillierte bibliografische Daten sind im Internet über www.dnb.de abrufbar.

© 2019 Kurt Scharf

Herstellung und Verlag: BoD – Books on Demand, Norderstedt
ISBN 978-3738-62741-1

Zugabe

Jetzt

Ins Leere

Mit Sanftwut fülle ich die trüben Tage,
die blütenweiß sich geben, immer aus,
und bleibe stumm hinsichtlich jeder Frage;
so kommen keine Klagen in mein Haus.

Und schriebe ich, bedeutungsschwer, Gedichte,
verbliebe mir der Rahmen nur vom Bild;
ins Leere liefe, unerklärt, Geschichte,
darinnen ich mich wähnte, freies Wild.

Vielleicht sind auch die lieben Astrozyten
noch gut im Hirn verteilt und voller Schwung,
und fliegen Falter zu den bunten Blüten;
und was ich niemals sagte, hält mich jung.

Morgens

Dem wilden Werben früher Stunde,
wenn noch das Land im Dunkel liegt,
vertraue ich und geh die Runde,
den Klängen wieder angeschmiegt.

Sie drängen mich in ihre Bahnen,
und ich verlasse meinen Weg,
um weitere Wege zu erahnen –
sie kreuzen sich, verlaufen schräg.

Das Dämmerlicht ist angezündet
und treibt mich in die Stadt zurück,
wohin mein Hoffen endlos mündet
und Liebe wartet und das Glück.

Umstellt

grau grau grau grau grau grau grau
grau grau grau grau grau grau grau
grau grau grau grau grau grau grau
grau grau grau grau grau grau grau
grau grau grau grau grau grau grau
blau grau grau **blau** grau grau grau
grau grau grau grau grau grau grau
grau grau grau grau grau grau grau
grau grau grau grau grau grau grau
grau grau grau grau grau grau grau
grau grau grau grau grau grau grau

Ausblick

Noch nimmt der Winter nicht die harte Zwinge
von Land und Fluss, und mag nicht müde werden;
der Frost umgreift die blau gestreiften Dinge,
die ängstlich sich im hellen Licht gebärden.

Die spröde Kälte kriecht in alle Knochen
den Wesen, die auf neue Wärme warten.
Jedoch, soviel ist schon einmal versprochen,
es gibt ein Wunder, hier in diesem Garten.

Und während noch die Flocken niederstürzen,
entwachsen, erdverbunden, grüne Pflanzen
dem Schnee, des Winters Herrschaft abzukürzen.
Wer möchte, darf aus lauter Freude tanzen.

Erwacht

Am Tage sind die Pflichten
strenge Worte nur,
die jeden Vers vernichten,
werfen aus der Spur.

Erst die Zwischenstunde
vorm Beginn der Nacht
bringt mir frohe Kunde –
ein Gedicht erwacht.

Weltenwarme Helle,
zärtlich überhaucht,
formt nun Wald und Welle,
in mein Herz getaucht.

Nächtequer

Aus den Tälern wachsen Hügel,
und ein schlichtes Licht gedeiht,
alle Tiere haben Flügel,
lassen sich beim Fliegen Zeit.

Langsam fließen Mondes Schatten
über karge Länder hin,
dunkler werden Kasematten,
stille Wesen sind darin.

Wer nun seine Schritte lenkte
nächtequer zum Amselruf,
der den scheuen Mond verdrängte,
hier den neuen Morgen schuf.

Blaus Pause

rot rot rot rot rot rot rot rot rot rot rot rot rot rot
rot rot rot rot rot rot rot rot rot rot rot rot rot rot
rot rot rot rot rot rot rot rot rot rot rot rot rot rot
rot rot rot rot rot rot rot rot rot rot rot rot rot rot
rot rot rot rot rot rot rot rot rot rot rot rot rot rot
rot rot rot rot rot rot rot rot rot rot rot rot rot rot
rot rot rot rot rot rot rot rot rot rot rot rot rot rot
rot **BLAU** rot **BLAU** rot
rot rot rot rot rot rot rot rot rot rot rot rot rot rot
rot rot rot rot rot rot rot rot rot rot rot rot rot rot
rot rot rot rot rot rot rot rot rot rot rot rot rot rot
rot rot rot rot rot rot rot rot rot rot rot rot rot rot
rot rot rot rot rot rot rot rot rot rot rot rot rot rot
rot rot rot rot rot rot rot rot rot rot rot rot rot rot
rot rot rot rot rot rot rot rot rot rot rot rot rot rot

Gewisse utopische Bücher

In einer Zeit, der unsren weit entlegen,
verbringen nüchtern irgendwelche Wesen
ihr Leben mit Entwürfen blanker Thesen.
Ansonsten aber: keinerlei Bewegen.

Wenn sich in ihnen blasse Wünsche regen
(sie könnten doch, statt Denken nur und Lesen,
auch andres tun), so bilden sie Paresen,
erteilen Istbeständen ihren Segen

und treiben weiter wie in Wolkenschichten.
Womöglich leben sie an Sterngestaden,
entwichen längst den alten Erdespfaden,

verlassen von der Welt und allen Reizen.
Vergeblich, ihnen Wagnis einzuheizen.
Sie bleiben kalt. So werden wir: mitnichten.

Anfangs

In der Straße stirbt die Zeit,
hinter dem Schweigen versunken,
ein Land. Sonne meldet, bevor sie fällt, noch Sturm.
Sommerliches Licht verschaukelt im Haus. Regen tagt.
Die Frau beugt über dem Tisch die Wünsche. Stiegen sind
beleuchtet. Ansonsten
nur Wände, übermütig wie Wälder.
Unterwegs im Wind. Schneereste
auf Kastanienbäumen.
Daheim. Dunkelheit trennt Zimmer, Pfeiler werden, reihenweise,
hier den Nutzen haben. Der frühe Weg
führt hin zum Wasser. Auf Bilderwiesen
stürzt die Landschaft geradewegs, gleich um die Glasfront,
in Ruinen.
Der Straße Horizont taucht in den Korridor. Nebelfädiger
Vorhang. Seitwärts
transportieren Trichter Geräusche, umlauern Steine
anfangs.

Jetzt

Wir waren damals alle Dichter.
Die Sonne ging uns schöner auf,
und selbst die Nächte waren lichter.
Wir stiegen gern den Berg hinauf.

Die Bilder keimten aus den Dingen,
und Wunder gab es jeden Tag,
so leicht, erklärbar, sanftes Singen,
der Schmetterlinge Flügelschlag.

Und was wir immer auch beschrieben,
es klang als Echo in uns fort. –
Nur weißes Rauschen ist geblieben
im Jetzt, zuletzt an diesem Ort.

Frühling

Wir treffen Katzen allerorten,
wenn wir am Tag spazieren gehen.
Wir bleiben, sie zu streicheln, stehen.
Mitunter auch an Gartenpforten.

Die Sonne scheint; die Katzen schmiegen
den Kopf in deine, meine Hände,
und geben Wärme ohne Ende
und bleiben, wenn wir gehen, liegen.

Früher

Ein Traum

Ein Vogel entwuchs dem Himmel,
wurde zur schwingenden Wolke,
riesenhaft.
Er stieß, die Luft durchgreifend,
in den Fluss, an dessen Ufer ich stand,
erhob sich, nachdem er im Wasser
ganz verschwunden, daraus
und stieg empor.
Gestärkt flog der Vogel
davon. Und zu einer Schrift
ordneten sich die Zweige der Bäume,
die rings das Ufer bewuchsen:
Gedulde dich, nichts
ist umsonst.

    (1980)

Fassung!

Die Kerzen brannten.
Dann verbannten
sie sich.
Und ich
hatte noch immer
keinen Schimmer,
wo ich war.
Die Wand tapetete einen Gruß.
Von den Kerzen blieb Ruß.
Neujahr!
Ich befand mich
in einem fremden Zimmer.

Zwei Rostocker Gedichte

Spielwiese (Reutershagen)

Nun haben die Schwäne genug
vom Landgang: am Rand
lauern die Hunde leinenlos
am Teich.

Vielleicht
im nächsten Sommer
überleben die Küken.

Diakonie am Alten Markt

Die Stimme,
klagend am Mittag,
deutlicher dann, weil weniger
Autos heranwinseln
um diese Zeit –

wer wollte, dem sonst keine
Geräusche fremd sind, nicht
Sterbehilfe leisten,
hörte er sie

von gegenüber.

(Mai 2005)

Schräges Sonett. Zur Literatur. Geschrieben: eben.

„Wir brauchen sie. Zum Überleben.
  Weil überall der Hunger nagt.
    Wer seinen Seelenleib befragt,
      dem wird sie immer Antwort geben."

   „Was nützt sie denn? Die Wörter kleben,
      dem Leben hämisch aufgepfropft,
        am Sein; sie sterben, kleingetopft,
          bevor sie ins Vergessen schweben."

      „So wäre doch, zu einem Drittel,
        Literatur ein Lebensmittel
          als Luftgebrot und Augensalz;

            gerät sie in den falschen Hals,
              verlohnt es sich sie abzuhusten."
                „Und ganz und gar sie weg zu pusten."

Krise 1994

Den Werften steht
das Wasser
bis zum Hals,
die Felle schwimmen
davon.

Die Wirtschaft liegt
am Boden,
in den Sand gesetzt
trotz Wassertreten.

Nirgendwo
ist Land in Sicht.

Freizeitspringer (zwischen den Schichten)

Der Balken, oftmals gewechselt, zuletzt
fuhr da ein Traktor drüber, erweckt
gemäßigte Freude nur: denn ihn wird man
genau treffen müssen. Die Strecke
des Anlaufs ist leider nicht grade gerad.
Doch zu bewältigen. Hell blinkt der Sand
an sommerlichen Tagen, wie ein Blatt
unbeschriebenen Papiers. Vorm Sprung.
Ach, das beinerne Duett wird Zeichen
setzen, jenseits der Sechsmetermarke!
Ach, diese Sekunde, in deren letztem
Bruchteil man zu fliegen meint. Für diesen
Moment lohnt es sich zu, zu springen,
am Vormittag, fünfzehnmal in einer
halben Stunde. Und herrlich auch wieder,
den Boden zu ebnen, so sag ich, der nie
weiter sprang als jetzt, der unabwendbar
sich den Dreißigern nähert und unbedingt
weiter kommen will.

Das Wunder von Leninakan (Anfang 1989)

Bürger Aikas Akopjan
aus dem Lande Jerewan
überlebte elegant,
weil im Keller sich befand
Essen, Trinken, Obst und Wein.
„Na, wir teilten uns gut ein,
wussten ja nicht ganz genau,
was geschehn nach dem Radau.
Nachbar Karen, dessen Arm,
hielt ich mit Massage warm.
Irgendwann, da sind wir frei!
sagte ich und sang dabei,
mehr als dreißig Tage lang.
Wurde einem einmal bang,
sprach ich meinen Lebenslauf.
Und das Weinen hörte auf."
Also Aikas Akopjan
aus dem Lande Jerewan
zum Reporter-Team von TASS.

Tage später, was ist das,
wurde kräftig dementiert;
Schwester hätte angeschmiert,
alles wäre ausgedacht,
nur aus Lug, aus Trug gemacht;
weil die Krankenbetten knapp,
sprachen dieserhalb sich ab
Bruder, Schwester Akopjan
aus dem Lande Jerewan.

Trost

Der Mensch von morgen.
Was an ihm wär
rudimentär?

Weisheitszähne,
Blinddarm,
Mandeln.
Hat er nicht mehr.

Weit, sehr
weit,
so fern
und unerreicht.
Der Mensch von morgen.

Worin er uns gleicht?

Alsbald
wird aus ihm
ein Typ
grauer Vorzeit.

Na, vielleicht.

Aber

Am Tage zog ich,
vom Licht geblendet,
den Vorhang zu,
der Dunkel spendet.

Aber noch immer
drang in mein Zimmer
das Lachen der Kinder
von draußen her.

Innehalten

Neben meinem Fenster
nisten Schwalben.
Grund genug,
das Radio
nicht einzuschalten.
Jetzt im Mai.
Ich störe ungern,
höre gern

diese Nachbarn.

Wortfindung

*T*reue?
*H*ilfsbereitschaft?
*A*ufopferung?
*N*aturverbundenheit?
*A*rbeitswille?
*T*emperament?
*O*rtsgebundenheit?
*S*ensibilismus?

*O*berflächlichkeit.
*D*uldung.
*E*igenliebe.
*R*evanchismus.

*E*klektizismus!
*R*adikalität!
*O*rganisiergehabe!
*S*omnambulismus!

Notizen zum Golfkrieg (1991)

Gegenwärtig

Gebete allerorten,
wo doch das Amen
längst erteilt dem Mars.

Schweigeminuten
übertönen
nicht den Waffenlärm.

Kerzen in den Fenstern
tropfen dunklen
Tod.

Die Börsianer
setzen voll
auf Sieg.

Desert Storm

Iraks Flieger
am Boden zerstört?
Saddam im Führerbunker
oder schon
im jemenitischen Exil?
Der Krieg
bereits vorbei?
Paar Barrel wert?
Oder nur zehn Zeilen?

Bis heute

Nie wurde hier, bis heute,
sagt man, der Judenhass
verdrängt. Ach, Israel, klagt
man, Aggressorstaat
seit Sinai! Wird nun,
fragt man, der Nimbus
des Geduckten neu aufpoliert?

Tantiemen sind erworben
am Mitleid dieser kleinen Welt.
Das schaffen die Raketen
des Saddam Hussein
(der selbst für eine Nacht
als Märtyrer sich gab).

Morgen:

Waffen,
die Neuen Nichtkonventionellen,
setzt Irak
soeben ein!

Amerika
schickt Rambo hin.

Zumindest später mal,
im Film.

Damit auch dieser Krieg
im Nachhinein
gewonnen wird.

Kein Zug

Bislang gelang es gut
(die Deutschen waren
clever), hinter vorgehaltnem
Spiegel schattenspielend
zu agieren zwischen
Schiras und Medina,
Beirut und Akaba.
Nun aber widerspiegelt
Frieden nur noch Krieg.
Die Saudis kaufen sich,
als Landwirt, ein im
ostgermanischen
Bereich. Saddam kauft
den Amis ab den Schneid.
Die Deutschen sitzen
trocken da, die Waffen
sind verkauft; vergeblich ist
die Flucht, kein Zug
fährt mehr nach Tel Aviv.

Übrigens, die Amis:

Wo immer sie beteiligt waren,
am großen oder kleinen Krieg,
dort gelangten, über kurz
und lang, durch Vereinigung zu
frischer Kraft die taktisch
gegeneinander Ausgespielten.
In vielen Fällen dem Betrachter
hilft ein wenig Recherchieren.
Deutschland gar, so wird erzählt,
sei wieder eins geworden;
vielleicht ists ein Gerücht.
Arabien erst! Riesenhaft steht dort
Zusammenschluss bald an.
Unfern der Zeit, da tapfer die GIs
vernichten die Attrappen des Saddam.

Seltsame Wandlung

Während ich im warmen Bettchen liege,
schreibe ich ein Liedchen gegen Kriege.
Ich summe, noch beim Zähneputzen,
später dann von Friedens Nutzen.
Kauend an den süßen Haferflocken,
pudre ich den Frieden, leg ihn trocken.
Ich laufe munter durch die Tage,
zähle allen vor die bittre Klage.
„Schwätzer! Das wissen wir alleine!"
rufen Leute. Arrogante Schweine!
Ich drehe um und geh nachhause,
während wütend ich die Welt zerzause.
Dass die auf mich nicht hören wollen!
Nach einem letzten leisen Grollen,
schreibe ich, in meiner Bettchenwiege,
einen Lobgesang auf alle Kriege.

Falsch gerechnet?

Seit Johannes schon bekannt,
hat nur Schrecken er benannt,
wenn es um die Zukunft ging.
Nostradamus daran hing.
Malachias ebenfalls
hatte ihn an seinem Hals.
Mussten beide, Wort um Wort,
Schlimmes künden immerfort.
Schiller hat ihn abgelehnt;
in den „Künstlern" ists erwähnt.
Schwarzer Spiegel, um den's geht.
(Mister Scallion versteht
per Computer gut und laut –
weil er ihn dort eingebaut!)

Endlich dieser Spiegel stirbt,
wenn die Welt mit ihm verdirbt;
ich hab das Jahr heraus bekommen:
die Zahl des Tiers, mal drei genommen.

Herzlos

Meine Träume traben,
haben voll zu tun,
tragen in die Waben,
gegen Schmerz immun,

kiepenweise Farben,
pinseln Wände bunt;
während noch die Narben
winseln wie ein Hund

vom vergangnen Tage
herzlos hier im Haus,
lindern sie die Klage,
streichen alles aus.

Ritual

Ich zupf die Zeitung aus dem Kasten;
der Nachbar schläft noch,
dem sie eigentlich gehört.
Ich will als erster sie entfalten,
als erster wissen was passiert.

Der Nachbar schläft.
Die Zeitung unterdessen
habe sorgsam wieder
ich deponiert in seinem Kasten.

Dann warte ich. In ein paar Stunden
hat auch mein Nachbar die Zeitung
längst gelesen.
Ich klingle, frage ihn ob er
sie mir vielleicht mal borgt.

Ich weiß genau, er freut sich
immer wieder
über meine Dankbarkeit.

„Auch du hast immer existiert" *

Damals waren die Seelen knapp. Pfändbar, gab es nicht mehr als siebenhundert zu verleihen. Wer nun starb, der übergab sich einem andern, welcher, ihm folgend, seine Seele nahm, um sie wiederum zu geben jenem nächsten dann. Bis heute soll es so gewesen sein. Da müssten jetzt, setzt man voraus, es gäbe niemanden der seelenlos, sehr ziemlich viele Leute, die noch am Leben sind, sich in eine Seele teilen. Immerhin wird klar dem Unbedarften, sobald sein Blick geschärft, weshalb die gleichen Fehler stets von neuem machbar sind: Den Seelen, übermüdet, fällt nichts neues ein.

* Jüdische Mythologie: *Gufs Kammer* – „Halle der Seelen im Siebten Himmel"; es heisst, dass Spatzen die aus dem Guf herabfahrenden Seelen sehen können.

Früher, Jetzt

Tiefdruckgebiet

Zuunterst in einer Sperrholzkiste lagen lose Blätter:
Am 28. beginnt es zu schneien.
„Wie schnell sich das Wetter ändern kann", meint Frau Freuer, als sie mir über den Weg läuft; ich komme grad vom Kälberstall. (Ein totes Tier. Lungenentzündung.) Am Tag danach stürmt und wirbelt es, was das Zeug hält.
Der Wetterbericht lautet lapidar: „Über der Ostsee stoßen ein Hochdruckgebiet aus Skandinavien und ein Tiefdruckgebiet aus Südeuropa zusammen, die Kaltfront zieht nach Süden."
Massenhaft Schnee. Meterhohe Schanzen. Die Melker vom oberen Dorf robben zu den Ställen. Gerhard Gerber (er brachte mir vor einem halben Jahr das Handmelken bei) ist ganz verzweifelt – hat er doch unterwegs seinen Kamm verloren.
Nie pflegt er ungekämmt das Objekt zu betreten (und beim Kühestriegeln ist er stets der Erste). Traurig sieht er in seinen Taschenspiegel. Von uns anderen will er keinen Kamm annehmen.
Der Strom fällt flach. Wir warten in der Meisterbude und spielen

bei Kerzenschein Dame und Schach. Eddi fordert mich heraus. Ich eröffne mit dem Königsbauern: e4. Eddi erwidert: e5. Mein Springer zieht auf f3, Eddis Springer auf f6. Ich schlage (Rösselsprung) den Bauern auf e5, Eddi desgleichen auf e4. Mein Springer eliminiert f7, Eddi zieht mit seiner Dame auf e7. Nächster Springerzug nimmt auf h8, Eddi bietet (Pferd auf c3) Schach. Ich ziehe die Dame auf e2, sie wird sofort vom Springer geschlagen. Ich schlage diesen Springer, Eddis Dame zieht auf f6. Was ich mit der Kurzen Rochade beantworte. Eddis Bauernzug: g5. Mein Turm auf e1; Eddis Dame schlägt auf h8. Nun kann mein Läufer (auf h5) Schach bieten. Eddis König flieht: d8. Ich setze matt: Turm auf e8!

Noch immer kein Strom. Das Notstromaggregat? Läuft nur auf zwei Phasen. Zu wenig Druck. Kuno kommentiert: „Marx in der Theorie, Murks in der Praxis!" Wir melken per Hand.

Sonnabend, 30. Dezember. Zwanzig Grad Minus.
Es schneit ununterbrochen.
Wie gewöhnlich bin ich um halb vier am Kälberstall, muss erst mal die Türen freischippen.
Das Objekt ist in Dunkelheit getaucht. Wo sind die anderen?

Ich stapfe zum Abkalbestall.

Eine Gestalt kommt mir entgegen: Halbtagskraft Uschi. Sie fragt mich: „Ist keiner da?"

Ich sage: „Ich schon."

Wieder zurück zu den Kälbern. Schwaches Licht. Das Wasser rinnt bedächtig aus der Leitung. Ich löse das Milchpulver auf, tränke die Tiere. Wieder ist ein Kalb hin.

Nach anderthalb Stunden (die Sonne wird irgendwann aufgehen) verschwinde ich, nicht ohne zuvor eine Nachricht für den Meister hinterlassen zu haben: „Nächstens sagt Bescheid, wenn ihr die Schicht verlagert!"

Die schneeverkrusteten Fäustlinge hatte ich im Büro abgelegt. Und vergessen. Kaum bin ich zuhaus und wärme meine Hände, kreuzt der Meister auf. Tatsächlich sollten wir uns alle um sieben Uhr treffen. „Gestern Abend um fünf haben wir Bescheid gesagt. Waren wohl schon ein paar davon."

Ich versuche eine Rechtfertigung: „Mir hat Gustel geholfen, da waren wir eher fertig."

Der Meister wütend: „Sieh zu, dass du den Kälberstall dicht bekommst, verstopf alle Ritzen!" Gegen acht wird Hilfe aus der Kreisstadt erwartet, das Notstromaggregat soll repariert werden.

Um elf treffen zwei Spezialisten ein.
Sie können nichts ausrichten. Wir melken per Hand. Wird zur Gewohnheit.
Der alte Herbert sagt: „Das kann ein langer Winter werden. So war das sechsundvierzig, siebenundvierzig auch. Da sind die Vögel vom Himmel gefallen."

Silvester. Im Dezember starben neun Kälber. „Das liegt doch nicht nur an der Kälte!", wettert der Meister. „Deine nächste Prämie ist gestrichen."
In allen Ställen sind die Wasserleitungen eingefroren.
Gustel besorgt einen großen Tauchsieder. So ist wenigstens die warme Vollmilch für die Kälber in den Einzelboxen garantiert.
Ralf (der im 120-er arbeitet) schneidet sich versehentlich an einer geborstenen Glasleitung die Hand auf, trotzdem muss er die nächste Notstromwache übernehmen. („Krankschreiben kannst du dich im Frühjahr.") Das Aggregat soll durchrattern.
Die Spezialisten waren wieder da.
Der Milchwagen kommt noch, im Gefolge einer Schneefräse.
Woanders sind Panzer vor Ort.
Der Zugverkehr ist eingestellt.

Neujahr. Willkommen 1979!
Dreißigster Arbeitstag in Folge.
Ein eigenartiges Tier streicht um unser Gehöft. Es verharrt, sucht, bewegt sich lahmpfotig. Soweit das durch den Schneedunst zu erkennen ist. Vielleicht der Fuchs vom Herbst?
Der hatte, schräg am Berg, einen Notbau errichtet, nachdem damals der Dorfjäger die Einstiegslöcher verschloss.
Das Tier kommt näher. Doch nur ein Hase, vom Sturm gebeutelt, auf freiem Felde voll erwischt, geweitet, aufgeblasen. So sieht er größer aus.
Sein Gleichgewicht ist durcheinander; da schwankt und torkelt er.
Im Objekt treffe ich den Meister. Gegen halb vier.
„Kälberwache?"
„Ja, seit gestern Abend. Ich hatte eh nicht vor zu feiern."
„Aber da sollte doch Ralf aufpassen. Und Gustel von null bis drei."
„Bei Ralf habe ich geklopft und gerufen. Rührte sich lange nichts. Als er dann doch an die Tür kam, habe ich ihn wieder schlafen geschickt.
Und Gustel ist auch nicht da gewesen.
Im Stall vier eine Steißgeburt.

Kannst du gleich mit deiner Karre abholen."

Dienstag, 2. Januar. Anhaltende Schneefälle.
Die Heizung im Kälberstall ist total hinüber. Keine Aussicht, dass sie in Gang gebracht werden kann. Die Kälber (in den Einzelboxen) rollen sich im Stroh zusammen, die in den Laufgittern springen umher, machen sich warm.
Seltsame Anweisung: Ich soll die Schrotsäcke ausleeren, drei Dutzend immerhin, und die leeren Säcke „an einem sicheren Ort" verstauen. Stimmt! Immer wieder waren ein paar Zentner Schrot verschwunden. Es gibt genügend Bullenhalter.
Kuno erzählt einen Witz.
„Was ist der Unterschied zwischen Italien und der Deutschen Demokratischen Republik?
Italien liegt am Mittelmeer, die DDR hat keine Mittel mehr."
Und das Tiefdruckgebiet bleibt namenlos.

Anrede

Ach wenn ich von Liebe schreibe
denkst du auch daran
als maltest du mit dunkler Kreide
auf meine bleiche Seele
dass ich vom Nichts
und nichts andres schreiben kann?

Oh denke doch an unser Leuchten
flüchtig in der Zeit
dass ich von Liebe wieder reden kann
oder gib mir einen Wink dass wir getrennt
gemeinsam leben

dann.

Angesagt: Wiedergeburt

In Märchen und in vielen Sagen sterben
die Helden, angerauscht vom Helfenwollen;
sie haben soviel Taten zu verrichten,
in deren Güte sie sich eifrig spiegeln,
dass ihnen niemals reicht ein einzig Leben.
So kleben sie am Sein und werden also
zurück gerufen nach dem Tode, sie helfen
erneut; wenn das geschieht, bedeutet's aber,
es gibt von denen leider raue Mengen,
die immerfort sich helfen lassen müssen
von diesen, welche sterbend leben bleiben.

Soweit, im blanken Vers, die Möglichkeit.

Es regnet grad

Du schreibst, in deinen letzten Briefen,
von Kälte die dich endlos nun umkreist,
und in dich dringt, die dich vereist;
die Wärme als wir miteinander schliefen,
ging verloren, lebt in andern Zeiten
die uns fortan verschlossen sind.
Die Sehnsucht taumelt wetterblind,
der Tag bewegt nur Einzelheiten,
trägt nicht das Lied der Wochen,
als wir so stark und ganz und gar
uns liebten, unser beider Nachtgehaar
verflochten. Der Ring scheint dir zerbrochen.
Du schreibst, in knapp gesetzten Worten,
du habest immer, ewig schon gewusst:
des Lebens angeregte Stundenlust
verdürbe, und sie stürbe allerorten.
Doch denke ich, sie hält uns noch.

Unerwiderter Spruch

Die Wahrheit ist immer
das Leben. Wie anders
sollte es sein? Und käme
zur Wahrheit der Tod
hinzu, wäre das Leben
vollkommener noch
dem ewigen Zweifler.

Lieber bin ich doch

Lieber bin ich doch im Walde
unterwegs anstatt in Straßen
aufgetürmter Seelenhalde,
lieber lebe ich in Maßen,

mir vom Laube vorgegeben
und von Wurzeln die mich halten,
leichter hin zum Licht zu streben
und mein Sein mit Sinn gestalten.

Noch nicht

Vor Beginn des Lichts
lauerte
das Nichts.

Dann
begann
die Zeit. Sie dauerte.

Sie endet,
wenn das Licht,
gewendet,
zerbricht.

Aber heut noch nicht.

Inhalt

Ins Leere
Morgens
Umstellt
Ausblick
Erwacht
Nächtequer
Blaus Pause
Gewisse utopische Bücher
Anfangs
Jetzt
Frühling
Ein Traum
Fassung!
Zwei Rostocker Gedichte
Schräges Sonett
Krise 1994
Freizeitspringer
Das Wunder von Leninakan
Trost
Aber
Innehalten
Wortfindung
Notizen zum Golfkrieg
Herzlos

Ritual
„Auch du hast immer existiert"
Tiefdruckgebiet
Anrede
Angesagt: Wiedergeburt
Es regnet grad
Unerwiderter Spruch
Lieber bin ich doch
Noch nicht